AF260082

ALEXANDRE LE GRAND,

DRAME HISTORIQUE EN UN ACTE.

Par A. H.

Paris.

CHEZ BARBA, LIBRAIRE, GALERIE DE CHARTRES, 2 ET 5,

DERRIÈRE LE THÉÂTRE FRANÇAIS.

1837.

Par A. Hoppe

ALEXANDRE

LE GRAND.

PERSONNAGES.

ALEXANDRE, *Roi de Macédoine.*

CLYTUS.

PHILIPPE.

DARIUS.

ARICIE.

L'ARMÉE MACÉDONIENNE.

L'ARMÉE ENNEMIE.

La scène est en Macédoine, trois cents ans avant J. C.

Imprim. de L.-E. HERHAN et BIMONT, rue St-Denis, 380.

ALEXANDRE LE GRAND,

DRAME HISTORIQUE EN UN ACTE.

PAR A. H[...]

PARIS.

CHEZ BARBA, LIBRAIRE, GALERIE DE CHARTRES,
N. 2 et 3, DERRIÈRE LE THÉATRE FRANÇAIS.

1837.

ALEXANDRE

LE GRAND.

Drame historique en un acte.

SCÈNE PREMIÈRE.

La province de la Phrygie, en Asie, l'intérieur de la ville de Gordium, et d'un temple de Jupiter, l'armée macédonienne, ALEXANDRE monté sur Bucéphale.

ALEXANDRE *seul, monté sur Bucéphale.*

Je quittai la Macédoine, donne-moi-s-en de la gloire, je l'ai globé, globulé partout, elle me prit au piège, dans ses rets, filets, je la gobais, la fît gober ma gloire en tout le monde, et je suis en Asie, levant des

I

troupes, dans la morue, la queue de morue,
je pris en Asie, la Lycie, la Pamphylie, la
ville de Célènes, celle de Gordium en Phrygie, Gordium, bâtie par Midas, en entrant
dans l'intérieur du temple de Jupiter, j'y
vis le char de Gordius, père de Midas, le
joug lié par des nœuds les uns dans les
autres, dont le dénouement se dérobe à mes
yeux, l'armée macédonienne, les habitans
de Gordium t assurent que l'empire d'Asie,
empereur des Perses , maître de Darius,
il sera tout cela ensemble , s'il en devinait
les fils, et l'étoile que tu vois tous les soirs,
tes destins, Alexandre-le-Grand , l'armée
macédonienne est là, incertaine, inquiète,
Alexandre-le-Grand.

ALEXANDRE *son glaive nud.*

Je ne perds pas mon temps à chercher les
secrets, je dénoue tous les fils, avec mon
glaive nud, qu'importe de quelque manière
qu'on défasse tous les bouts, j'élude, ou
accomplis l'oracle, j'aurais toute l'Asie.

SCÈNE II.

La Cilicie, le fleuve Cydnus, l'intérieur de la ville de Tarses, l'armée macédonienne, l'armée ennemie, ALEXANDRE, PHILIPPE, DARIUS, le camp de DARIUS, sa tente, la nuit.

DARIUS *seul.*

Minuit sonne lentement , dans six heures je dois combattre Alexandre-le-Grand, j'ai toutes les nuits le même songe, je vois mon camp, ma tente brulés par Alexandre, qui entre à Damas, son Bucéphale, Alexandre-le-Grand disparaissent , je me lève agité, gardes, Satrapes, oui.

L'ARMÉE MACÉDONIENNE.

Il manque d'eau ce pays, nous venons d'en trouver dans le creux d'un roc, nous la mettons dans un casque, pour l'apporter à Alexandre.

ALEXANDRE.

Pour ne pas faire de jaloux, je le jette par terre, je me baigne dans le fleuve Cydnus, le froid me saisit, ma force s'en va, ah Darius, ah Darius, tu es là, je meurs,

PHILIPPE.

Dans trois jours, je vous administrerai une potion, sire.

DARIUS *paraît avec un stylet.*

La nuit est close, tuons Alexandre-le-Grand, avec mon stylet.

ALEXANDRE.

Qui vient?

PHILIPPE.

Prenez votre potion, sire.

DARIUS.

Je la prends à ta place, ce n'était pas du poison, moi qui donnai mille talens à Philippe pour empoisonner Alexandre.

L'armée macédonienne et l'armée ennemie se battent.

ALEXANDRE.

Macédoniens, vainqueurs, en Europe, en Asie, au-delà des colonnes d'Hercule, bientôt des Perses, Bactriens, Indiens, partout où je serai, vous dompterez l'Illy-

rie , la Thrace, l'Orient , et Constanople ,
l'Occident et Rome.

DARIUS *à cheval.*

Quelle défaite pour mes Perses, cent mille
d'infanterie, dix mille de cavalerie, de morts.
Alexandre va prendre mon camp, ma tente,
les chevaux de mon char tremblent , j'en
descends, je monte ce cheval, j'ôte mes
insignes impériaux, pour ne pas me trahir
dans ma fuite, je fuis, adieu, ma Damas,
à jamais.

SCÈNE III.

L'Afrique, l'intérieur des villes de Sidon, de Tyr, d'Alexandrie, l'armée macédonienne, l'armée ennemie, ALEXANDRE,
l'intérieur de la ville de Sidon, CLYTUS.

ALEXANDRE *seul écrit sur du paphyrus.*

Alexandre, roi, à l'ex-Darius, à Darius,
ex-roi.

Darius dont vous volâtes, chipâtes le nom,
sans me donner celui d'Alexandre roi, fit
le malheur de l'Hellespont, de l'Ionie , la
Béotie, d'où fut tiré le Béotisme dramatique,

La Macédoine, Grèce, Philippe mon père
assassiné par Xercès, vous parlez à un roi,
votre roi, salut à Darius, mon assassin.

ALEXANDRE *seul.*

C'est aux vainqueurs de commander aux
vaincus à se soumettre, en m'obéissant, c'est
le seul qui ignore nos deux positions, il le
saura, quand Darius sera défait à Arbelles,
je passai l'Océan.

L'ARMÉE MACÉDONIENNE.

Que cette couronne d'or orne ta tête,
Alexandre !

ALEXANDRE.

Je suis à Sidon, Straton leur roi vient
d'être déposé, l'armée ennemie vient de me
choisir pour roi, je refuse, prenez Clytus.

L'ARMÉE ENNEMIE.

Croissez en gloire, vertu, que notre roi
se souvienne, s'il l'est, que c'est à Alexandre
à qui il le doit. Clytus est un homme de
nos champs, prenez un cœur de roi, au
lieu de l'ame d'un laboureur, sois roi, vive

le roi de Sidon, vive Clytus, vive.

CLYTUS.

Mes mains ont subvenu à mes désirs, tant que je portais livrée de misère, rien ne me manqua, je suis roi, qui sait si jamais quelque chose me manquera, Alexandre.

ALEXANDRE.

Je vais assiéger par un assaut la ville de Tyr, parce qu'elle a refusé de me recevoir, la ville de Tyr sera fameuse dans mon histoire, par les chances de Tyr, de cette guerre.

L'ARMÉE MACÉDONIENNE.

Tyr est prise, quelle volupté que l'ivresse du sang, brulons Tyr.

ALEXANDRE.

Faisons une ville en Egypte, où je suis, aujourd'hui je la nommerais Alexandrie, je fonde une bibliothèque, comme moi, capitale de l'Egypte, me voici dans l'intérieur du temple de Jupiter Hammon, devant sa statue.

JUPITER HAMMON.

Darius te tuera, Alexandre.

SCÈNE IV.

La Médie, l'intérieur des villes de Babylone, d'Arbelles
de Persépolis, l'armée macédonienne, l'armée ennemie,
ALEXANDRE, DARIUS.

ALEXANDRE.

J'entre dans la Médie, où je m'y rends
maître des villes d'Arbelles, de Babylone,
dont il faudrait des volumes toute une vie,
pour en peindre le tableau fidèle, surtout
ressemblant Babylone, aux jardins sus-
pendus, sur lesquels cet Héliogabale dépen-
sait un million de drachmes par jour.

C'était Nabuchodonosor roi de Babylone;
la postérité répétera avec moi les orgies
des tapagies, les chants bachiques du festin
de Balthasar; ce fameux banquet parut avec
ses joies de concubines, dans le palais de
Babylone, il faut que je propose des prix à
mon armée macédonienne, pour la sauver
du péché de la paresse.

DARIUS.

Tu as dû recevoir tous les trésors de la Perse entière, qui consolera Darius, Alexandre ?

ALEXANDRE.

Alexandre consolera toujours, seul Darius, je m'empare de la ville de Persépolis, où j'y rends la liberté à cent mille esclaves grecs, je fais le pillage de Persépolis, opulente, succulente, excellente, la victoire me rendant fou, pétri de gloire, fabriqué par la gloire, je brûle à Persépolis le palais des rois de Perse, on veut t'assassiner, Darius.

DARIUS.

Je ne crains rien près d'un ami, tu portes Alexandre, et sa fortune.

SCÈNE V.

L'Hyrcanie, la mer Gaspienne, le Caucase, l'armée macédonienne, l'armée ennemie, ALEXANDRE-LE-GRAND, DARIUS.

L'ARMÉE ENNEMIE.

Livrons la bataille dans les montagnes

-de notre Hyrcanie, nous armée de l'Hyrcanie, et vous armée macédonienne.

ALEXANDRE.

Vous êtes vaincus, vous avez la paix, armée
Hyrcanienne, invincible à la guerre, vin-
cible au repos, aux amours, je me laisse
endormir par l'oisivité, les délices, mon
armée macédonienne murmurant trop haut
me tira de mon langoureux assoupissement,
soldats, gardes, gens d'armes, armée macédonienne, venez finir la conquête de toute
la terre, avec moi, avec Alexandre-le-Grand
vous choqués de mes mœurs, je prends la
ville d'Artacame, serez-vous toujours,
vous, choqués de mes mœurs.

L'ARMÉE MACÉDONIENNE.

Nous t'amenons Darius, comme accusé
d'avoir voulu t'assassiner, il est coupable de
haute trahison, dans ton chef, pour la per-
sonne d'Alexandre.

ALEXANDRE.

Qu'on couvre la tête de Darius d'un voile
noir !

L'ombre de PHILIPPE *paraît.*

.e suis Philippe, roi de Macédoine, père
d'Alexandre-le-Grand, je vis Sophocle à
Athènes, on lui demanda son interdiction
il lut Œdipe, l'Aréopage en pleura, je vais
vous le lire Œdipe, tout en entier, vous
pleurez, tu pleures, fils, je pleure sur ton
sein, fils, qu'en dites-vous, tu pleures,
Darius, donc Darius n'est pas coupable,.
par tous, qu'en dites-vous?

SCÈNE VI.

Les Scythes, le fleuve Tanaïs, le fleuve Oxus, l'armée
macédonienne, l'armée ennemie, ALEXANDRE, PHILIPPE,
un crucifix.

ALEXANDRE.

Ote-toi de devant mon soleil, tu déranges
mon soleil levant, pas du tout couchant,
pas encore du moins, oui, pour mon bon-
heur plus que parfait, mais point pour mon
malheur ; partout des troubles, des mu-
tineries, des soulèvemens, éclatent tous
les jours, je calme le tout par mes discours,
ma royauté, forcé bientôt d'avoir des ser-
gens de ville, avec des épées, tous enviant

ma place, voudraient traîner au lieu de moi,
vainquent des litres , ou plutôt des canons
de peuple, je passai, moi le lionceau, en
dix-sept jours, oui jours inscrits par mes
descendans, dans mes histoires de génie,
mes belles journées du sang de gloire,
fastes, pas néfastes, le Caucase, oui on dé-
libère sur la guerre contre Alexandre; et on
a garde d'acquiescer aux conseils des an-
ciens, je vais combattre les Scythes, étan-
chant la soif de l'armée macédonienne, je
passe le fleuve Oxus, à celui de Tanaïs,
j'y fonde la ville d'Alexandrie.

PHILIPPE *meurt.*

J'ai été pris, par stratagème , amené
devant toi, je sors de prison, on m'en fit
sortir pour entendre ma sentence, on pro-
nonça la croix, pas de grace, pour avoir
voulu empoisonner Alexandre-le-Grand ,
je meurs sur ce crucifix.

SCÈNE VII.

Les Indes, l'armée macédonienne, l'armée ennemie,
ALEXANDRE, CLYTUS, PORSU.

ALEXANDRE.

Après les soumissions respectueuses des
Massagètes, des Dahés, des Sydiens, des
Scythes, et pacifié les peuples d'Asie, je vais
à la chasse où j'y tue un lion, dix mille bêtes.

CLYTUS.

Darius te tuera, Alexandre.

ALEXANDRE *tirant son glaive.*

Tu parles avec trop de liberté, tu es em-
bêtant, c'est ennuyant que tu sois ennuyant,
meurs avec mon épée, Clytus, je viens de
vaincre les transfuges Bactriens, j'apporte
la tête de Clytus, mort, à mon armée
macédonienne, mon armée macédonienne
étant aux Indes, faillit mourir de chaleur,
de la fièvre, ma constance, mon humanité
pour le simple soldat la sauvèrent, je suis
riche d'orgueil, de pouvoir, je veux que
mon armée macédonienne, toute la terre,

m'adorent, comme fils de Jupiter, je le veux
parce que je le peux, oui, je peux tout sur
tous, parce que tout seul je le peux, de mes
griffes de tigre, la foudre tombe sans me
toucher, je le veux, oui, oui, je suis dans
les Indes, je fais une guerre hasardeuse,
douteuse, au roi Porus, armée macédonienne, tu domptes l'armée Indienne, com-
ment veux-tu que je te traite, Porus.

PORUS.

En roi des Indes, en Porus.

SCÈNE VIII.

L'intérieur d'un temple de Diane, sur les bords de l'Océan,
l'armée macédonienne, l'armée ennemie, ALEXANDRE,
DARIUS, ARICIE, DARIUS en dernier en Grand-Prêtre de
Diane, sous son manteau est caché son stylet.

ALEXANDRE.

Il faut que je conquière toute l'Asie,
l'Afrique et l'Europe, les trois parties du
globe entier, je viens d'être guéri d'une
blessure empoisonnée par le moyen d'une
herbe, dont je vis l'image en songe, je brûlais
du désir, je m'enthousiasmais, du bon-

heur de voir la mer, l'Océan, j'ai trouvé le comble de cette volupté non sans courir les plus grands dangers, vu l'impéritie, l'ineptie de mes pilotes, j'y règne sur cet Océan, avant de m'y embarquer sur cet Océan, je passai par les pays des Arabites, des Godrosiens, et des Indiens, la famine, la peste dont Jupiter nous attaque, dont mon armée macédonienne fut délivrée, je fis cesser ces maux par un festin comme les Bacchantes, sur l'Océan, où j'y tuai un Satrape persan, de Darius.

Je veux visiter la partie occidentale de l'Europe, je pense à pacifier les troubles de la Grèce, je décharge mon armée macédonienne, dès ce jour, de toutes ses dettes, je renvoye une partie de mon armée macédonienne chez elle, dans ses foyers, chez ses Dieux Lares, dans ses pénates, chez ses manes, je retiens l'autre avec moi, toujours des séditions jusques sous mes yeux, que l s traîtres périssent, faisant évanouir vos desseins, je confie ma garde aux traîtres au lieu de les faire tuer comme ils le méritent.

ARICIE.

Je t'aime, mais je n'osais pas te le dire, je t'aime, ce n'est pas comme roi que je t'aime, mais c'est comme homme, Alexandre je t'aime, oui.

ALEXANDRE.

Marchons à cet autel du temple de Diane, Aricie.

DARIUS *paraît, avec son manteau, cache son stylet dessous.*

Le coup d'œil d'aigle me fascine, m'empêche de le tuer, Jupiter Hammon l'a dit : Darius te tuera, Clytus, au moment de sa mort, l'a dit : Darius te tuera, tu meurs avec mon stylet, tu n'es plus , Alexandre-le-Grand, oui, oui.

ARICIE *meurt.*

Je ne peux pas lui survivre, je me tue avec ce stylet de Darius , sur le cœur d'Alexandre.

L'ARMÉE MACÉDONIENNE.

Vive Aridée, roi de Macédoine, portons d'Alexandre le corps, d'Alexandrie d'Egypte, vive Aridée, vive, oui, oui, le roi est mort, vive le roi.

FIN.

PORT-ROYAL

DES

CHAMPS.

— ◆ —

Suivez de Versailles,
Jusques à Dampierre la cité,
Où le roi des batailles
Y devance la postérité,
Sur le sommet d'une colline,
Voyez une maison,
De deux étages environ,
Aujourd'hui en ruine,
Jadis dominant ce canton,
Des encadremens de brique,
Quatre fenêtres au premier;
Un corps de logis gothique
Tient par ce bâtiment dernier;
Elle est simple, petite, sa structure,
Modeste sa parure,
Date son architecture,
De Louis treize, ce port royal,
Où grandit le cardinal.

3

En cette jolie bonbonnière,
Y vécut un avocat,
De son siècle la lumière,
Le monstre, un Catinat,
Un homme de mérite,
Son frère de Sacy,
Par sa Bible mérite,
D'être un Sully,
Arnauld d'Andilly le bonhomme,
Qui Bossuet va devancer,
Dans la postérité,
Nicole qu'on renomme.
Ils ont pour repos l'éternité,
A Trapes une ame inspirée
Lisait dans les bois d'acacias,
Theagène et Lacricléa,
Racine y planta des dalias,
Dans cette nature,
La mobile peinture,
De ce fier château,
Se dessine dans l'eau.
L'eau rafraîchit la verdure,
De plus d'un rameau,
Descartes venait à la solitude,
Avec Pascal Hamon, à Port-Royal-des-champs,
Dufossé de Ponts s'occupant de l'étude,
De la statistique des camps.

Voyez un couvent dans une vallée profonde,
Et des noms Bourguoin Mallet,
Longueville héroïne de la Fronde,
Une chapelle, pieux objet.
Il y massacra, tout, le sujet,
Par ordre de Louis-quatorze,
Voilà mon regret,
Port-Royal fut une puissance,
Louis-quatorze, ce lion français,
Voulant qu'il n'y eût qu'un Versailles en France,
Détruisit son couvent à jamais,
Après 8o ans le peuple punit ses forfaits.
La nuit, l'oubli couvrirent
Versailles et son palais.

FIN.

IMPR. DE L.-E. HERHAN ET BIMONT, 380, RUE St.-DENIS.